그 푸른 기별로

성덕희 시집

그 푸른 기별로

시인의 말

살아온 날들을 꺼내어 본다
시간에 마모된 것들이 그다지 많지 않음에
마음이 놓인다 다행스럽다

그 간절함에 푸른 기별이 왔다

시와 음악과 차茶에 한 세월을 묶어
소리를 갖지 못했던 내 배냇말
화수분의 사랑으로 푸른 섬 등대에
새길 수 있음에 감사하며….

2013년 가을에
성덕희

성덕희 시집 　　　　　　　　　　　　　그 푸른 기별로

차 례

▫ 시인의 말

제1부 기억 몇 장

그 거리, 다시 선명하다 —— 13
기억 한 장 —— 15
가을 간이역簡易驛 —— 16
기억 두 장 —— 17
겨울 들머리 —— 19
그날 그 겨울비 —— 21
눈꽃 편지 —— 22
기억 석 장 —— 23
그대의 정원에는 —— 25
돌아앉은 섬을 찾아 —— 26
푸른 섬 이야기 —— 27

제2부 차茶가 익는 동안

인연, 다향茶香으로 무르익다 —— 31
음악 여행 —— 33
눈보라 —— 35
차茶가 익는 동안 —— 37
그대의 향기로 남아 —— 39
벽록碧綠으로 차茶를 풀어내고 —— 41

그 푸른 기별로　　　　　　　　　　성덕희 시집

43 ──── 이별을 준비하던 사랑도
45 ──── 그리움 한잔으로
47 ──── 살풀이춤
48 ──── 달빛을 우려내다
50 ──── 찻사발과 대접

제3부 모래와 늪

53 ──── 모래의 시간
55 ──── 나비 꿈
56 ──── 봄이다
57 ──── 동백꽃 사연
59 ──── 매화 멀미
60 ──── 또 다른 삼월
61 ──── 미리미의 사월
62 ──── 꽃, 금강초롱
63 ──── 꽃등을 켜다
64 ──── 부채 속 올챙이
65 ──── 늪의 시간에서

제4부 은밀한 이중생활

69 ──── 능소화 24시간
71 ──── 부엉이 곳간 지나

복숭아 사연을 캐다 ── 73
은밀한 이중생활 ── 75
내 여러 개의 공 ── 77
외출 ── 78
별들도 늙는다 ── 79
풀솜 할미의 잠노래 ── 81
무인도가 되다 ── 82
짐, 낙타처럼 ── 84
섣달 소망 ── 86

제5부 인디언 섬머처럼

섬머와인처럼 ── 91
그 여름밤의 파수꾼은 ── 92
외로운 양치기 ── 93
우리들의 진주 목걸이 ── 94
바커스와 비너스 ── 95
바람 불어도 좋은 날 ── 97
하모 하모 ── 98
시들지 않는 음표로 ──100
그리움은 화석으로 ──102
예순 무렵 ──103
인디언 섬머처럼 ──104

그 푸른 기별로　　　　　　　　　성덕희 시집

제6부 길 위의 기도

107 ─── 다시, 가을
108 ─── 강江
110 ─── 방천둑길 너머
112 ─── 고향은 강물로 흐르고
114 ─── 남강의 봄
115 ─── 아버지, 사방을 적십니다
117 ─── 그 빛나는 눈물 위에
119 ─── 그녀의 별은 지고
121 ─── 각시붓꽃의 이름으로
123 ─── 순례자
125 ─── 길 위의 기도

▫해설 | 박덕은

제1부 기억 몇 장

꽃물 드는 아침
버들잎 편지 한 장이
아득한 봄날을 깨운다

그 거리, 다시 선명하다

비 오는 이유 하나로 만나기로 했었지, 그날

함께 있으면 그저 좋은
박쥐우산 속 사랑을 그리며
거리로 나선다

도시의 등불은
자욱한 밤안개를 따라
지난날을 밝혀 놓는다

화려하게 피어나던 행복이 봄날이었다면
소나기는 그 여름날의 열정이었다
억새와 진홍 단풍을 겪노라니
겨울 눈보라쯤은 시련도 아니었다

가로수마다 고인 빗물에
전염이라도 되었던 걸까
울 일도 아닌 일에
서러운 눈물 뿌리고

돌아서던 그 거리에
동그라미로 떨어지던 빗방울 타고
그리움 한없이 흘렀다

두근대는 가슴
그대와의 거리를 부엉이셈[※]으로
가늠하고 있을 즈음
발자국 소리
저만치서 다가온다.

※부엉이셈: 셈이 더딘 동물, 은유적으로 셈이 느린 사람.

기억 한 장※
―엽서 한 장

조락의 잎새, 이우는 태양의 모습에서
문득 엔젤

당신이 두드려야 할
나의 숱한 꿈 이야기와 함께
우리를 싣고 갈 설레는 계절
긴 여로의 오후를 그려 봅니다

아, 가을이여
부디 우리들의 반려 허락하여 주시옵고
밤새 가슴 풀고
울 수 있는 그날 위해
애잔한 이 가을의 성숙을
재촉해 주십시오.

※남편 조경래 씨 작품―결혼 전 남편으로부터 받은 엽서 '기억 한 장'으로 새겨 둡니다.

가을 간이역簡易驛

단풍은
동해남부선에서 지고

우리들의 꿈과 사랑
한적한 간이역을 머물다가

젖어드는 해조음으로
밤의 해안이
가을 노래로 깊어 가면
설레는 바다 저 멀리
우리
쉬임 없는 출발을 서두릅니다.

기억 두 장※
―불꽃

하늘로 올라라
하늘로 올라라
모두를 마다하고
모두를 돌아선
슬픈 의지는
내 따가운 영혼은 더욱 목메어
천 갈래 마음 되어 하늘로 올라라

봄의 미소 잊고
돌아온 계절 모퉁이에서
겨울을 부르다 지친
서러운 눈물 되어

그해 겨울
우울한 빈곤의 벌에서
성스러이 모두우던 두 손 맞잡고
헝클어진 어둠 밟으며
서성여 온 세월의 손짓으로
참아 가던 아픔도 함께 올라

또다시 너 오면
기울인 가슴 앞에 달려올 뜨거운 대화일랑
황홀한 성숙의 갈피에 부쳐
그제사 매듭진 소망
한 움큼
타오르는 눈물이라도.

※남편 조경래 씨 작품—남편으로부터 결혼 전에 받은 〈불꽃〉
  이라는 시 '기억 두 장' 으로 새겨 둡니다.

겨울 들머리

주변을 감싸 흐르는
슈베르트와 함께
죽은 새의 영혼을 위로하던 밤

돌아누우면
베갯가에 홍건히 고이는
추억 같은 것

지키지 못한 나의 약속으로
겨울 나그네 되어
어디선가 서성이고 있을 그대에게
이제사 나는
부끄러운 고백을 할 것입니다

그대는
미닫이문 창호지에 스며드는 달빛이었습니다

입김으로 흐려진 유리창에
지난여름을 숨겨 두고 싶어

화선지에다 먹물을 뿌렸습니다
우리 사랑
한없이 번져 가는 먹물이었습니다.

그날 그 겨울비

 사진 속 내 미소 젖을까 봐 당신은 턱 밑까지 우산을 내리고 걸었다지요 겨울비 같은 그대와 나는 비엔나커피를 마셨지요 유리창에 흐르는 전주곡에 맞춰 쇼팽의 빗방울들이 춤을 추었지요 찻집의 처마 끝 낙숫물 소리, 어떤 음악이 그토록 감미로웠을까요

 그대의 젖은 한쪽 어깨와 파래진 입술 칼바람 겨울비는 떨고 있는 내 마음까지 덥혀 그 사랑의 품을 알게 하였지요

 지금 찬비를 거머쥔 벚나무 꽃눈은 그날의 입춘을 꿈꾸고 근심 걱정 머금은 비구름도 무지개 뜰 하늘을 기약하는데.

눈꽃 편지

눈은 소리 없이 내려
산봉우리들 겹쳐 놓습니다
자작나무 숲 날카로운 심사도
눈보라에 갇혀
아늑한 세상이 됩니다
바람 소리에도
마냥 귀를 기울이는 곰배령
사립문 내다보는 시간 길어져
장작꽃불로 타오르는 오늘 밤만큼은
노루잠 밀쳐내고
서로에게 곁을 내어 주어도 좋겠습니다
이 눈꽃
슬픔으로 번지기 전에
백지 위 당신의 마음
산비둘기 편에 전해 주세요.

기억 석 장

고향 없는 산맥 굽이돌아
먼 길 여미어 온 전설을 안고 눕다

귓바퀴 근처에 맴도는
반항의 물살을 거슬러
출발과
탐욕의 설렘으로
항시 발돋움하는 바다
그런 바다의 중중重重한 심연에 숨어
동심의 억새꽃 피어 왔듯이
서서히 마정魔精의 나래를 펴고
내부內部로부터 성장해 온
이율二律의 죽음을

고단한 이끼와
그칠 줄 모르는 장마의 그늘에서
익힌 그토록 불타는 언어言語들

떠나온 이 어두운 자리에

캄캄한 호흡들이 모여 내일이 잘리우고
가비야운 존재存在의 부피 안에
고여 넘치는 흙내음마냥
모두가
무너져 갈 것이다.

※남편 조경래 씨 작품―남편으로부터 결혼 전에 받은 시 〈죽음의 노래〉 '기억 석 장' 으로 새겨 둡니다.

그대의 정원에는

"사철 수목을 심을 넓은 정원이 아니면 어떻소
귀여운 우리 아기 꽃시계를 만들어 줄
작은 마당이라도 있어 당신이 행복할 수 있다면
나는 기쁘기만 하겠소"※

꽃물 드는 아침
버들잎 편지 한 장이
아득한 봄날을 깨운다

지금
그대의 정원에는
우리의 꽃시계가 째깍이고 있나요
우리의 목련이 구름처럼 피어나고 있나요.

※결혼 전 남편이 보낸 편지 한 구절을 기억하며 새겨 둡니다.

돌아앉은 섬을 찾아

소낙비 내리던 바닷가
쉬이 깨어나지 않을 것 같은
꿈을 꾼 그해 여름날
우리들의 이야기는 시작되었다

고단한 바람을 나눠 타고
달려온 세월
파도 소리, 여름 바다를 부를 때

호사스런 여행의
초대장은 없더라도
꽃구름 저어 가는
보헤미안과 집시 되어
닿지 않아도 좋을 섬
찾아 찾아 떠나자

물새들의 나랫짓으로
등대가 뱃길에서 멀어져 가면
우리, 그리움에 지쳐
돌아앉은 섬을 찾아 떠나자.

푸른 섬 이야기

까치노을이 뱃길을 열면
그대, 푸른 섬
빛을 던지는 밤의 등대가 되고
나는 부서지며 달려가는
너울이 되었지요

빛나던 시간의 꼭짓점에서
꽃불 터트리던 그날의 잔치도
바람과 파도와 햇빛과 함께
우리들의 생애는 여울져 가겠지요

때론 드센 풍랑이 와도
남도 뱃노래 가락으로
저절로 익은 우리
청춘을 맡겨 놓은
내 푸른 섬의 등대지기는
미리부터 알고 있었지요
삶은 사는 것이 아니라
살아내야 한다는 것을

바다에서 자란 갈매기들
먼 수평선으로 다가올 때
별처럼 흩뿌려진 섬에서
눈빛만으로도 알아차리는
우리, 어느덧
해무海霧에 뒤척이는 파도 잠재우는
다도해 갯마을 풍경이 되었지요.

제2부 차茶가 익는 동안

찻물 끓이면
돌솥에선 솔바람 일어
달아오른 저 모란 숯불처럼
나에게도 차茶에 묻어 둔 한 세월 있었지요

인연, 다향茶香으로 무르익다

찻잔엔 철 이른 청매화가 피었습니다
오래전 두루마리 사연도 따라 핍니다
먼 전생의 길 돌아 나와
마음속 점으로 찍힌 사람
붓끝으로 사랑의 촉 아른아른 틔웠지요

실타래 같은 인연
다향茶香으로 무르익히면
거울 반쪽으로 맺은 언약도
심지 깊은 사랑으로 타오를까요

영화 '달팽이의 별'*을 더듬습니다
손가락 끝으로만 별을 꿈꾸는
외로운 그에게
그녀는 눈과 귀가 되어
서로의 빛과 그림자로 살아갑니다

그 귀한 인연 깨달아 갈 즈음
아직도 식지 않은 찻잔에선

애틋한 매화 향기만 떠돌고 있습니다.

※시청각 장애자 남자와 척추 장애자 여자의 결혼 이야기. 암스테르담 영화제 대상 수상작.

음악 여행

한밤에 떠나는 클래식 여행
야상곡 선율 한 줄로
달빛은
드뷔시의 숨결을 실어 온다

생애를 다 바쳐 들어도
다 못 듣고 가는 음악이라지만
저마다의 오선지에
삶의 모습을 그려 놓고
세상을 노래하고 연주한다

장엄한 리듬으로 느리게
행진곡풍으로 빠르고 경쾌하게
굿거리. 자진모리장단으로
흥겹고 신나며 슬프게
구성진 가락 따라 신명나게 흘러간다

달빛차 한 잔의 여유와 함께
구름갈채*와 기립박수로

세계를 떠도는 음악 여행은
아직도 현재진행형이다.

※구름갈채: 커튼콜.
※굿거리장단: 농악에 쓰이는 느린 4박자의 장단.

눈보라[※]
―스비리도프[※]의 '로망스'를 듣고

흩어지는 눈꽃송이들
오래된 추억의 멜로디를 열고
슬픈 서랍 속을 더듬게 한다

허공을 휘젓는 지휘자의 손끝에서
러시아식式 애절함이 묻어나는
눈보라 테마곡 '로망스'

이룰 수 없는 남녀의 사랑은
바이올린 선율에도 잘 어울려
그 겨울날의 대책 없는 환상에 빠져든다
자작나무 숲에 펼쳐진 설원
마을 교회를 지나가는 트로이카 마차
눈보라 속에서 길을 잃고 헤매는
주인공 청년이 어른거린다

푸른 두 젊음은 태양보다 뜨거웠지만
어긋난 운명은
눈보라보다 차가웠다

그들의 옛사랑은 어디쯤 멈춰 서 있을까

우리가 쓰는 삶의 드라마에서
운명과 우연의 차이는
대체 얼마나 큰 것일까

우연도 운명인 것일까.

※눈보라: 푸시킨의 단편 소설 제목.
※스비리도프가 작곡한 눈보라 중 네 번째 마리아의 회상곡.

차茶가 익는 동안

여연 스님 생각으로
햇차 '우전雨前' 한 봉지 열어 봅니다
곡우 무렵 새벽이슬 젖은 찻잎 따서
쑥꾹새 울음 섞어 아홉 번이나
차茶를 덖고 또 덖는다고 하셨지요

첩첩산중 풍경 아래
"흰 구름 밝은 달/ 두 손님 모시고/ 차茶를 마신다"
기막힌 선인仙人들의 삶의 여유는
들뜬 마음 단박에 주저앉힙니다

기다림을 배우기 위해서
차茶를 마신다고 했던가요
다관에서 차茶가 익는 동안
차향茶香은 봄볕으로 흩어지고
세상은 비취색으로 물이 듭니다

차茶에 빠져든 그 세월의 부피만큼
찻잔 속 푸른 그리움을

그대는 지금
누구와 더불어 나누고 계신지요?

그대의 향기로 남아
—영화 '향수'를 감상하고

치자꽃이 피우는 초여름이면
젊은 날 그 사람이 다가옵니다
안으로만 뭉클대던 그리움
들켜 버린 것 같아
그 부끄러움 지우고 싶어
그대가 준 향수를 꺼내 들곤 했지요

문득 나는
옛날 영화 '향수'※ 속으로 빠져듭니다
세상의 모든 향기를 다 맡을 수 있는
주인공 쟝 바티스토 그르누이는
최상의 향수를 소유하기 위해
장면마다 위험한 욕망을 뿜어냈지요
여인 스물다섯의 죽음으로 만들어진
사람 냄새는 천상의 향기 되어 퍼져 나갑니다

꽃을 서서히 말라 죽게 하여
귀한 향수를 얻어 내듯, 우리 사랑도
한 생명이 오롯이 말라야

향기로 남게 되는 모양입니다

조바심 내던 사랑도
숨은 세월을 덧입고 나서야
제대로 숨고르기를 할 수 있었지요
꽃들의 영혼이 그대로 남아
귀한 향이 되었던 것처럼
나의 그대에게 오래도록
치자꽃 향기로 배어 있고 싶습니다.

※향수: 어느 살인자의 이야기, 파트리크 쥐스킨트의 소설 이름.

벽록碧綠으로 차茶를 풀어내고

보세란報歲蘭 화분 다실에 들여놓습니다
불현듯 그대 안부 궁금해져
가야금 열두 줄 진양조 선율로
향香을 사릅니다

"별빛 눈물 받아 차茶 달이고 싶다"는 그 사람 생각에
　찻물 끓이면
　돌솥에선 솔바람 일어
　물방울은 게눈이 되었다가
　물고기눈이 되었다가
　달아오른 저 모란 숯불처럼
　나에게도 차茶에 묻어 둔 한 세월 있었지요

송홧가루 촘촘히 봄날에 개어
다식 한 접시 차려냅니다
다관 속 차茶 잎사귀들
벽록색* 기별로 풀려 나오면
찻사발 가득한 그리움

청매靑梅 몇 송이로 벙글어집니다

그림자가 된 춘란春蘭, 창호 문살을 두드리면
빼곡한 꽃가루 사연
그대에게 닿겠지요.

※벽록색: 어두운 에메랄드색.

이별을 준비하던 사랑도
―영화 '화양연화'를 감상하고

  장대비와 함께
  '화양연화'*를 따라갑니다
  치파오의 여인女人 리첸과 신문 편집장 차우가
  홍콩의 뒷골목에서 장마울음으로 이별 연습을
하던

  배우자들의 불륜에
  서로는 연민으로 다가가지만
  슬픈 이별을 선택하는 중년의 사랑
  엇갈린 인연의 안타까움을 전해 주던
  주제곡 '유메지의 테마' 애절한 선율과
  낫킹콜의 감미로운 노래들
  지금은 희미해진 기억으로 남아 있지만

  밤나방 불러들이는 저녁 분꽃처럼
  내게도 '화양연화' 시절 있었지요
  둘이서 나누던 여름 바다와
  토란잎의 물방울이 햇빛 속에 잦아들던 풍경도
  이별 연습을 준비하던 사랑도

추억이 되는 순간들이었던 것을

푸른 떨림으로 다가와
해바라기꽃에 머물던
참 눈부신 세월이었지요.

※화양연화: 인생에서 가장 아름답고 행복한 순간을 일컬음.
　청춘 시절.

그리움 한잔으로

밤이슬에 흠씬 젖어, 새벽은
달빛에 물들었을까
죽로차 밭에선
잠이 덜 깬 새벽내가 난다

푸른 아침을 몰아오는 참새 소리
장마가 오기 전에 대숲은
서둘러 잠든 죽순을 깨워 놓는다

댓잎을 스치는 젓대* 소리에
대마디의 나날이 굵어진다
속을 비워야만
울림통이 커진다는 것을

산다는 것은
실實한 욕심을 비워 내는 일

차茶란 것이
마음을 나누는 일이라면

지금 이 순간
그리움 한잔으로
달려가고 싶다.

※젓대: 대금.

살풀이춤
―故 박정만 시인을 추모하며

회심곡 한 소절로 그믐달 데려오고
초령목招靈木 한 가지로 영혼을 불러와
살풀이춤, 시나위 가락으로 이어집니다
한 많은 명주 수건 하늘 길에 뿌리며
소복의 여인이 살煞을 풀어내는 내내
굿거리장단은 이토록 느린 곡선으로 흐릅니다

'혼자 있는 봄날'은 꽃세월도 없어
흐린 술잔을 앞에 두고
죽음을 노래하던 시인
서로를 그리워하던 꽃무릇 사랑으로
남아 있던 슬픔마저 털어낸 넋이
오늘에사 서천 꽃밭※을 지납니다

'참한 색시 하나 제대로 얻어서 귀 떨어진 행랑
채 햇볕 곁에서 살고 싶어'※ 꿈꾸던 그곳에서
　연인과 함께 천도복숭꽃을 피우고 있겠지요.

※서천 꽃밭: 제주 지역의 무가, 서역의 꽃밭.
※박정만 시집 『혼자 있는 봄날』 중 〈은근한 나라〉 제4연.

달빛을 우려내다

바람 소리 잎새마다 일렁이면
어스름 깊숙이 산그림자 드러눕는다

풀벌레 울음은
그리움 물어 날라
황금빛 꽃술 열고
그렇게 산다화는 피는데

노란 국화꽃 화분
차茶 자리 등불 하나 밝혀 두고
찻물 끓는 소리에
산촌山村의 밤은 향기롭다

그리움 번져나는 찻잔
눈앞에 두고 마주 앉으면
소맷깃 사이로 둘러서는
달빛 세레나데

징검징검

푸른 이끼 숲을 건너온
저 달은
구름을 헤치고 내려와
단풍빛 찻사발 안으로
달무리진다

돌아보는 세월은 한바탕 꿈
달빛 우려낸 추억으로
걸어갈 나의 날들
그 발걸음, 외롭지 않겠네.

찻사발과 대접

촘촘한 참빗 햇살이 그리웠지요
얼어붙은 나를
단숨에 쓸고 간 그대 붓자국에서
귀얄무늬 분청 찻사발이 되었습니다
몰래 찍어 둔 들국화 꽃도장으로 그대는
인화무늬 사기대접이 되었습니다

도공, 만경과 순이가
고려청자로 천년 학 전설을 빚어낸 것처럼

시간의 늪에 고여들어
참 오래된 우리는
세월을 담은 찻사발과 대접이 되었습니다.

제3부 모래와 늪

모래왕국을 지키던 우리 발자국도
물결 속으로 사라져 버렸지
출렁이는 갈매기 노래만
비바람에 홍건히 적셔 오던 날

모래의 시간

 뒤집어 놓는다 모래시계, 시간이 흘러내리는 삼 분 동안 나는 '페르시아의 왕자' 영화 장면을 떠올리기로 한다

 타미나 공주가 고대 단검 단추를 누르면 모래알은 시간으로 쏟아지며 과거로 되돌아간다 천일야화의 마술이 현실에 닿아, 그리운 그 시절 찾을 수 있을까

 장마전선이 내려온다는데도 겁도 없이 동해남부선 기차를 타고 어느 갯마을 썰물의 틈새에서 내렸지 모래왕국을 지키던 우리 발자국도 물결 속으로 사라져 버렸지 출렁이는 갈매기 노래만 비바람에 홍건히 적셔 오던 날

 장대비 소리에 먹먹해진 우리는 태양에 달궈진 아라비아사막을 건너는 법을 알고 싶었지 노을 지면 밤하늘 별을 마음껏 셀 수 있을 것 같았지 모래폭풍과 신기루도 만나고, 어딘가에 숨어 있

을 샘물가에서 풀 뜯는 끈질긴 낙타를 배워야 할
것 같았지 찰나도 영겁이 되는 사막에서는

 이미 모래시계는 멎었다.

나비 꿈

풀벌레 울음이 흔들던 가을 숲
알에서 깨어난 나는
쥐방울 덩굴 갉아먹으며
다섯 번이나 허물을 벗는다

나뭇가지에 거꾸로 매달린 겨울
번데기와 고치 속에서
별바라기하는 심정으로
우화등선羽化登仙을 꿈꾼다

세상은 꿈꾸는 자의 몫
나는 봄날의 호접몽에다
여물지 못한 나의 시詩를 내걸어 본다

머지않아 호랑나비 떼
꽃향기 찾아 날개 펼치면
번민의 비바람 잊혀져 가고
수려한 나의 군무가 시작될 것이다

푸른 하늘 눈부신 날에.

봄이다

버들강아지
해묵은 바람을 깨우면
부푼 아침은 서둘러
꽃망울로 열린다
꽃술 위 노랑나비 떼

어렵사리 꽃샘바람을 건너오면
버들피리는 목이 터지도록
신천지를 울리고

엘리시온※ 벌판에다
못다 한 내 사랑
꽃씨로 심는다

시방
빛살무늬 떼
문지방을 타고 오르는 중.

※엘리시온: 그리스 신화에 나오는 이상향.

동백꽃 사연

강진 구강포 앞바다 달려와
봄향기 내려놓고
초록 바람이 가쁜 숨 몰아쉴 때
동백꽃은
밤마다 가슴에 박히는 별빛으로
동박새 꿈을 꾼다

백련사 기와 너머
동백나무 숲
다산초당 야생 차밭 능선 따라
푸른 안개는
새벽 종소리를 헤치고

다향茶香으로 이어지는 풍경은
비바람 그칠 새 없었던
유배지로 스며들고

간절한 소망 한껏 담은
아침이면

동박새 붉은 사연들
수많은 꽃송이로 피어난다.

매화 멀미

낙동강변으로
연두 물결 깔리면
봄은 어느덧 차창 안에 와 있다

순매실농원을 달리는 원동역
기찻길 구불구불한 오후는
벌써부터 꽃멀미로 어지럽다

실눈 뜨고 바라보는 매화 꽃천지
나 언제 한번
손 내밀어 저 향기 따라잡을 수 있을까.

또 다른 삼월

만년설이 폭포로 녹아
태양을 환호할 때
허기진 북극곰 빙하에 놓아두고
절벽을 나는 바다새 떼
양지뜸 찾아 떠날 채비를 한다

꽃삼월 대설주의보
눈사태가 인적을 끊어 놓은
강원도 산골 마을에서
내 좋은 사람과 폭설에 갇히는
그 영화 같은 꿈이
진눈깨비로 녹아내리던….

대문 밖 소소리바람*은
겨울 숲을 깨워 놓고
청보리밭 이랑으로
햇빛 사냥을 나간다.

※소소리바람: 이른 봄의 맵고 스산한 바람.

미리미의 사월

푸르러지는 영축산 들여놓고
봄풍경들, 모여 앉았다
영남루 뒤로 물러놓고
낙동강으로 흘러듭니다

탱자꽃 울타리
스쳐 가는 미풍에
꽃향기 머금는 사월은

응달에 고여 있던 슬픔마저도
햇볕이 빼곡한 땅, 미리미*에서는
수수꽃다리로 피어납니다

서랍 속
접어둔 꿈들 가지를 뻗으며
나무처럼 자라는 이 계절에는.

※미리미: 밀양의 옛 이름, 삼한 시대(변한).

꽃, 금강초롱

설레는 그
이름 하나로
멀리서도 눈에 띄게
발돋움을 했지
요

하루에도 여러
번 얼굴 들어
그대 향한 속내
들키고 싶었지마
는

종소리 여운을 모아
초롱 안에 간절한 등불 켜 놓고
보랏빛 그
짙은 그리움에
그만 고개를 떨구었지
요.

꽃등을 켜다

눈매가 서늘한 낮달
소매 끝동 적시며 흐득이고* 있을 때

먹장구름이 갈앉힌 세월
옹이 진 자리에선
헝클어진 일상도 순순히 풀려나온다

푸른 오월 햇살 밝히며
등꽃은
어깨 겯고 살아가라고
살아가라고

어제와 오늘이 얽힌 가지마다
순간순간 꺼져 가던
사랑의 숨결 살아나
송이송이
보랏빛 꽃등불을 켠다.

※흐득이다: 서럽게 흐느껴 울다.

부채 속 올챙이

새털구름 내려앉은 차茶 한 잔을 마시며
선물 받은 부챗살 펼쳐 듭니다
뻐꾹새 울고 간 한낮
대마디에 숨어 있던
두 마리 올챙이
복더위에 물속으로 뛰어듭니다

바람마저 잠들어
졸고 있는 수련 사이로
헤엄치는 올챙이들
아직도 참개구리 되지 못한
하루가 그냥 저물어 갑니다

오늘밤에도 개구리들
지리산 묵계 마을 무논에서
어둠을 뒤흔들고 있겠지요.

늪의 시간에서

백년 묵은 잉어 기억하러
억겁이 잠든 우포늪에 갔었지요

초여름 포플러 이파리가
손짓하는 길을 따라가면
맥고모자는 땀을 흘립니다
가시 돋힌 꽃보라 엉겅퀴 무리
막 향기를 시작하는 찔레덤불 속
찔레순 꺾으려다
욕망으로 똬리 튼 독사뱀을 보았지요

실잠자리 소금쟁이 장구애비
수초 사이를 헤엄치다 물비늘이 됩니다
부들과 창포 숲을 흔드는 바람의 무늬결
물 위로 번져 가는 동심원을 바라보면서
우리네 삶도 저와 같이
둥글어져야 함을 깨달았지요

공룡 시대 비의 흔적이

'빗방울 화석' 되었듯이,
우포늪 퇴적층처럼 쌓인
오래된 우리 사랑도
헤어날 수 없는 늪으로 빠져듭니다

턱없이 하루가 시들해질 때면
늪의 맥박도 재어 보고
진흙 속에 뿌리내린 가시연꽃도 되어 보며
푸른 시절 그 사랑을 노래하렵니다.

제4부 은밀한 이중생활

초승달 그림자 외로운 밤이면
은밀한 그대와 꽃잠이라도 들게
눈베개라도 사야겠다

능소화 24시간

햇살이 아침을 저어 오는
그대 창가로
기상나팔을 붑니다

눈부신 모습 보고 싶지만
혼자서는 일어설 수 없어
꽃담쟁이 느린 걸음으로
아등바등 기어오르다
하늘 향해 통꽃을 피웁니다

풀리지 않는 그리움
몇 번이고 덩굴로 감아
뜨거운 한낮
안으로 안으로 삭이며
저물도록 꽃씨로 익어 갑니다

달맞이꽃 안부가 궁금해지면
간절한 꽃대궁마다
주홍 등불 밝혀 놓습니다

행여 오시려나 두 귀는 활짝 열어 두고
소화는 밤새도록 기다리고 있습니다.

※능소화: 중국에서 온 주홍색 나팔꽃 모양 통꽃 식물, 금능화.
임금님을 기다리다 지쳐 죽은 궁녀 소화의 혼백이 꽃이 되었
다는 전설.

부엉이 곳간 지나

박꽃으로 피는 저녁
동구 밖으로 어둑살 내리면
종종머리 몇몇이 숨바꼭질한다
그 쉬운 가위 바위 보가
왜 그리도 어려웠던지

먼 별빛
한 움큼 쥔 손 펴지 못해
나는 곱다시 술래가 된다

대숲 아래
싸리나무 울타리 곁 우물가에서
두레박 드리워
우물 속 가라앉은 달을 건져놓고
부엉이 곳간* 지나
옥이네 장독대에 숨어 있으면
술래는 캄캄 밤이 되어 갔다

성황당 돌장승 그림자에 놀란

술래
달빛 앞장 세우고
집으로 가는 길
잠들지 못한 초록 별만
마을 속을 거닐고.

※부엉이 곳간: 없는 게 없다는 창고, 많이 모아 둔다는 데서
  유래함.

복숭아 사연을 캐다

내 그리움
초록 비질하는 수목으로 자라나
진달래 고개를 넘으면
오래된 봄풍경 복사골로 몰려온다

산도화 가지들은
달밤에 먹던 수밀도 기억이며
동방삭이 천도복숭아 전설이며
도화살 낀 사주팔자로
파혼 당한 순덕이 이야기까지도
남상남상 풀어놓는다

청춘을 누린 사람이라면
첫사랑
그 눈부신 복사꽃 생채기 하나쯤
남몰래 피우며 사는 것을

비파 강물이
진분홍 노을로 지고 나서야

초저녁 별로 돋아나는 것을

복숭아 사연
무성히 익어 가는
봄날의 과수원.

은밀한 이중생활

풍경이 울음으로
새벽잠을 깨우면
나의 이중생활은 시작된다
아스름한 기억들의 봄꿈처럼
눈앞에 스러지는 안개도
머리맡 안경 집어 끼고 나면
훤히 걷힌 일상이 된다

무작정 흰 구름 쫓아다니던
예릿예릿한 소녀적
친구의 실수로 실명 위기까지 겪은 나는
그제야 눈물 나는
청맹과니 세상을 알게 되었다
칼멘의 다정한 눈빛에 여울지던
돈.호세의 사랑과 함께

'몸이 천 냥이면 눈은 구백 냥'
밝은 옛말 있듯이
초승달 그림자 외로운 밤이면

은밀한 그대와 꽃잠이라도 들게
눈베개*라도 사야겠다.

※눈베개: 안대.

내 여러 개의 공

 학창 시절 공던지기를 하다 야구공에 안경이 박살난 이후 체육 시간마다 비가 왔으면 기도했었다 골프채 선물 받고 필드에 나서기도 전 발목을 다친 나는 언제부턴가 일요과부가 되어 있었다

 골문을 향해 돌진하는 황금 발길질, 포물선 그리며 힘차게 날아간다 '야! 슛 골인이다' 열띤 함성으로 운동장에 펼쳐지는 구십 분 축구 감동 드라마 열광하는 관중들 승부의 세계는 영광과 실패의 연속, 슬럼프에 빠져 땀 흘리는 열정도 희망도 없이 저 벤치에 앉아 대기 중인 무명無名의 눈물을 생각해본 적 있던가

 손바닥에서 튕겨 오르는 공의 탄력 좋아하면서도 나는 두렵다 내 여러 개의 공에 얽힌 추억 속 사랑도 한때는 외로움의 긴 터널이었음을.

외출
―어둠을 빛으로 쓸고 있는 동안

등불을 달고 나서는 그대가
거리에 서서
어둠을 빛으로 쓸고 있는 동안

별빛 몰려오는 '구름정원'에서
그대가 잠시 비운 밤하늘은
내 에두름길만 재촉합니다

때로는 밀쳐내고도 싶어
애꿎은 기억 헤집어 반란을 꿈꾸면서도
이별이 두려워진 나는
종내 그 빛이 그리워

새벽의 가로등 더듬어 서면
밤을 새워
길어진 그림자로
그대
내 어깨에 달무리로 어립니다.

별들도 늙는다

별떨기 돋아나는 밤하늘에
오리온 사냥꾼이 된 샤롬과
사냥개 시리우스 데불고
신화 속 별자리 찾아 떠난다

수십만 광년을 지나
안드로메다 마젤란 은하
요람에서 탄생한 별은
푸른 빛으로 자라나
무리 지어 우주를 밝히다
끝내 늙어 죽는다지
사람의 일생처럼

유성이 흘러가는 곳은
죽은 영혼이 별똥별 되어
살던 집을 못 잊어 찾아가는 것이라지

'너의 심장 가까운 곳 운석隕石 되어 묻히고 싶다'

오래전 연애편지에서
빛나고 있던 당신의 소원,
그리움의 이유를 알게 된 느지막한 지금
언제나 함께 하자던 그 애틋함이
가슴 한 켠 저려오는 사랑이었음을

아름답게 늙어 죽을 때까지
그대 가슴을 지키고 싶다
이제는 내가 북극성(polarise) 되어.

풀솜 할미※의 잠노래

 맨드라미꽃 닭벼슬로 붉어 가던 날은 바쁜 구름도 천천히 흘러갔지요 어머니의 뜨락, 칭얼대는 손녀딸 토닥이며 '금자동아 은자동아'로 어르고 계셨지요 스르르 낮잠 든 아기 깨어날까 봐 조심스런 팔베개로 재웠지요 벌과 나비 꽃 속에서 녹듯 나는 노랫가락으로 스며들었지요 꿈결에도 잠노래는 실핏줄을 타고 대물림을 하고 있었지요

 오늘밤 어느 하늘가 눈물 젖은 별자리로 뜨셨나요 어머니, 낮은 소리로 귀에 익은 잠노래 불러 봅니다 둥지 안 산새도 하루를 접는 시간이면 손녀딸은 '브람스의 자장가'를 안고 풀솜※ 할미에게 다가옵니다 잠노래는 어느덧 내리사랑의 힘이 되어 가고 있었지요.

※외할머니
※풀솜: 실을 켤 수 없는 고치를 삶아서 늘여놓은 솜, 풀솜.

무인도가 되다

들끓는 그리움만으로는
뭍에 닿을 수 없었다
이스터섬 불가사의한 석상처럼
그대로 주저앉아 뿌리내린 섬

피붙이들 철새 되어 아라사※로 떠난 후
무인도에 닻을 내린 나는
갑자기 길어진 하루를 견뎌야 한다

물새알 품어내는 갈매기 소리로
곰솔숲 무성하게 키워내고
조가비 노래는 물결무늬로 씻어내었다

피고 지는 꽃들의 안부와
여러 사연들을 묶어
머언 바람길에 실어 보내고

날개옷 잃어버린 직녀별처럼
아직도 혈육을 못 떨치는 바다는

오늘도 잠들지 못한다
홀로 출렁이는 섬이여.

※아라사: 러시아.

짐, 낙타처럼

무지개 널린 세상
함께 보는 기쁨
양팔에 매달리는 아이 목마 태우고
가쁜 숨 몰아쉬었지

퍼 올려도 퍼 올려도 고여드는 옹달샘 사랑에
평생 등짐을 지고 사는
사막의 낙타를 잊고 있었지

산꼭대기까지 밀어 올린
시지프스의 바위가
다시 원점으로 되돌아올 때쯤
추락하는 아름다움도 알게 되었지

멈춰 버린 시간들은
빛나는 추억 앞에서 얼마나 자유로웠던가

하루를 끝낸 고단한 발걸음에
저녁 햇살 엷어지면

"무거운 짐을 진 너희에게 안식을 주겠다"
귀한 그 말씀으로
나는 아르코 오아시스*를 찾아낸 낙타가 된다.

※아르코 오아시스: 아프리카 앙골라 나이브 사막의 오아시스 이름.

설달 소망

찬바람은 저녁연기로 타올랐지요
매화와 휘파람새 전설이랑
범종 소리 찾아서
지리산 둘레길을 맴돌았지요
옥녀봉 아래
저물어 가는 단속사* 절터엔
신라의 노을만이
두 석탑을 품고 있었지요

문밖 세상이
뜬구름으로 나돌던
이야기 보따리 풀어놓으면

씨앗 뿌리던 농부의 소망처럼
손 시린 섣달의 정당매* 같은
기품 있는 시詩 한 줄로
식어 버린 가슴들 안아 주고 싶었지요
들릴 듯 말 듯
종소리의 여운마저도

내 숨결로 새겨 주고 싶었지요.

※단속사: 속세와 인연을 끊는다는 뜻을 가진 신라 시대 유명한 지리산의 절.
※정당매: 단속사의 수령 630년이 된 매화나무.

제5부 인디언 섬머처럼

뒤늦은 사랑의 조짐으로
우리
한없이 타오르는데
인디언 섬머처럼

섬머와인처럼

나의 이순耳順은
귓전을 휘젓던 잔소리마저도
묵은 정情으로 삭여낸다

남편이 보낸 첫 편지에
어쩌자고 나는 결혼까지를 예감했을까
내가 보낼 수 있는 답장은
침묵이 전부였는데
루돌프 팔보의 '그 여자에게 내 말 전해주게'
바리톤 음색이 파도에 섞여지면서
사랑의 변주곡은 시작되었지

시간의 흐름은
아롱다롱 추억의 무늬로 짜여지고
시나브로 숙성되어 가는 섬머와인처럼
잘 익은 노을이 창窓가를 물들일 때
긴 세월 함께 하자던 40여 년 전의
그대
지금 현관에 들어선다.

그 여름밤의 파수꾼은

당신의 머리맡에서
평화로운 잠을 지키는
아내가 되고 싶습니다

아침이 햇살을 지펴 오면
처녀적 수줍던 편지가
기억을 일깨운다

이른 잠을 털어낸 나팔꽃
창窓을 깨우면
나는 불현듯
곤한 잠 속의 그이를
흔들어 댄다

평화로운 잠을 지키겠다는
그 여름밤의 파수꾼은
이렇게
중년의 햇살로
넌출거리고 있는가.

외로운 양치기
―거짓말이 필요해

 안개비에 가려진 하늘 달도 별도 숨어 버려 잠 못 드는 밤 잠피르의 '외로운 양치기' 팬플룻 연주를 듣고 있으면 이솝 우화 속 '양치기 소년'이 양떼 목장을 저벅저벅 걸어 나온다 푸른 초원에서 늑대가 나타났단다 사람이 너무나 심심하고 외로우면 거짓말을 하게 되는 것일까 세상엔 꽃보다 많은 재앙이 만발하고 있다

 팔짱 하나로 체온을 나누던 젊은 날, 이제는 일기예보를 하는 나이가 되었다 삼복더위에 허리 기둥 무너져 어느새 매미 울음으로 여름 한 철 다 보냈었지 기대고 부비며 살아온 모든 것이 서러워 눈시울 붉어질 때 절망의 끝에서도 나 꿈꿀 수 있게 거짓말이라도 좋으니 그대여 따뜻한 입김으로 사랑 고백이라도 해주었으면

 혼자서 저울질하는 사랑도 심심하다는 넋두리도 때로는 가로등에 내걸린 외로움이 아니던가.

우리들의 진주 목걸이

매화향 찾아 나선 중국 여행길 무석의 매원* 부푼 꽃망울들은 서둘러 새봄을 피우고 있었지요 매화박물관 둘러보며 산방의 벽라춘 차 한 잔 나누어 마셨지요 소주에선 호구탑도 돌고 한산사 종소리도 들었지요 소동파가 노래하던 항주 서호 뱃놀이엔 새천년 소망 띄워 놓고 담수 진주 양식장에 갔었지요 '진주는 눈물'이라 해도 화살촉으로 와 박힌 목걸이 마틸드*의 허영에 들떠 뽑아내지는 못했지요 철없는 아내 얼른 읽어낸 그 이한테서 넘치는 선물 받아냈지요

나의 파랑새, 그대가 진정 귀한 보석이었다는 것이 뜨거운 연민으로 다가오는 지금 곁에 두고서도 행복의 가치 몰랐던 날들 헤아리지 못한 부끄러움에 광채를 잃어버린 진주 목걸이 아직도 잠들어 있나요.

※매원: 중국 강소성 매화 향기의 고향, 월나라 범려와 미인 서시가 놀던 정원.
※마틸드: 모파상 소설 『진주 목걸이』의 여자 주인공 이름.

바커스와 비너스

밥과 술과 사랑의
행복지수를 논論하다
무승부가 되어 버린 그날 이후
니콜라스 코이펠의 그림처럼 우리는
'바커스*와 비너스의 만남'이 되고 말았습니다

이미 술의 멋과 맛을 꿰고 있어
바커스의 후예가 된 그이에게 나는
얼큰한 매운탕으로
냄비 뚜껑 여는 기쁨을
기꺼이 주기로 했습니다

봄날 저녁, 설유화는 흐드러지고
나는 요리사 되어 밥상을 차립니다
감칠맛 나는 숭어회에다
안동 제비원 소주 한 잔 곁들여
제철 도다리 쑥국 봄동 김치
냉이 달래 나물도
음주운전 걱정 없는 편한 양념으로

정성껏 버무립니다

사랑이란 제철이 따로 없어야 하는 것

딩동
여전히 설레는 그이의 벨소리가 울립니다.

※로마 신화에 나오는 술의 신, 그리스 신화의 디오니소스.

바람 불어도 좋은 날

남해안 풍랑주의보
바람 불어도 좋은 날

꽃몸살이 나
마음 심心자로 드러누운 섬

동박새 붉은 울음 섞은 동동주는
익어만 가고

판소리 수궁가
진양조 느린 장단이
해식절벽 위에 걸터앉으면

둘레길 따라나선 우리
세월도 나이 잊고
그대로 풍경이 되는 곳

그 지심도에서
동백꽃이 지고 있다
봄의 깊은 흔적으로.

하모 하모※

모감주나무※ 노란 꽃 장마철 예고하면
그와 함께 남도 맛기행을 떠난다

서답바위에 오래된 비단이 휘날리는 섬
고흥반도 나로도에서
갯장어 '하모' 요리를 만난다
뜨거운 육수 냄비 안에서
부추 팽이버섯을 감은 '하모'가
하얀 꽃으로 피어날 때쯤
잎새주로 여름을 건배하면
행복은 맛으로 나뉘어
마음들은 저절로 열린다

'하모'를 먹노라니
느닷없이 고향 생각 나
'하모 하모'로 맞장구치던 친구들이 그립다

내 몸속에 집시의 피가 흐르는 동안
길 위를 떠도는 꿈

접지 않을 것이다.

※하모 하모: 그래 그래, 맞다 맞아 뜻으로 쓰임. 경상도 방언.
※모감주나무: 선비수, 황금꽃비(golden tree).

시들지 않는 음표로

추억의 사진첩, 서랍을 박차고 나와
타임머신 여행을 떠난다

칸나가 불태우던 여름날
바람 타는 한산도를 찾아갔었지
무료한 터미널,
니노 로타는
시들지 않는 음표로 그려내고 있었지
영화 주제가 '태양은 가득히' 였던가

붕어빵으로 갓 구워낸 듯한
가족사진 한 장
눈 덮인 가지산이
우리들의 목청을 틔워 놓았었지

스쳐 간 풍경과 낡은 기억들
멎어 버린 시간을 부여안고 앉아 있다
화석이 된 그리움으로

가족이란 끈
그 불가사의한 힘은
어디에서 솟아나는 사랑일까

잠시 지나가는 시간들을
추억으로 돌려놓는 큰 힘을 가졌다
여행이란.

그리움은 화석으로

동쪽 바다
크고 작은 물결들
강동 몽돌해변은 하염없이
별바라기 한다
내 안의 모난 것들
절망과 슬픔의 돌기둥
바지런히 깎아 놓는데

긴 해안선 따라 늘어선 그리움은
꽃바위[花巖] 주상절리※처럼
머나먼 그대를 향하고
옛 기억 속 흔적으로 남아
화석이 되어 간다.

※울산시 지정기념물 제42호, 동해안 주상절리 중 가장 오래됨.

예순 무렵

저문 가을 산에서 내려오면

저녁 어스름 강江어귀에 닿는다

철새들의 자유로운 날갯짓 따라

나는 여린 물살로 번져 간다

물풀들의 노래 낮아서 아늑하다.

인디언 섬머처럼

푸른 몸에서 돋아나던
내 무성한 잎새들
뙤약볕 견뎌낸 사랑도
단풍 드는 이 자리
한밤이 짧았던 여름날의 노래는
이제 아스라한 후렴구로 흩어진다

호숫가 갈대숲으로
기러기 떼 땅거미를 깃들이면
비껴 가는 노을을 뒤로하고
우리
그렇게 단풍 드는데
뒤늦은 사랑의 조짐으로
우리
한없이 타오르는데
인디언 섬머*처럼.

※인디언 섬머: 가을에 잠깐 여름 날씨가 되는 것. 늦은 나이에
맞이하는 애틋한 사랑.

제6부 길 위의 기도

깊은 나무 그늘인 그대
손잡고 길 위에 서면
어느 세월 끝, 나는
다음 생生을 준비하는 순례자가 된다

다시, 가을

수수밭 지나는 바람으로 새벽을 깨운다
찬 서리 내린 은행나무 숲길 접어들면
늦가을 아침은 풍성한 감탄사로 온다

햇살에 붉어진 계곡, 깊어 가는 산은
아찔하게 내리꽂힌 폭포수로 울다가
너럭바위 휘돌아 물계단으로 넘쳐흐른다

저 물소리는
커졌다… 작아졌다…
가쁜 숨 다듬고 앉아 법음法音이라도 전하는가
푸른 물을 흔드는 그림자
그 누구의 간절함으로 석탑을 올렸는가.

강江

밤새도록 솔바람 소리 듣다가
여명이 반짝이는
여울 몇 개도 품어보다가
넓은 강江가에 오면
언제나
설렘으로 떠남을 준비하여
빈 나룻배가 되는
풋풋한 자유

그믐달 뜨는
밤의 갈대숲은
대궁마다 철새 울음으로 채우더니
무슨 연유로
저리도
바람결에 나부끼며
우우~
서럽게 우는 것일까

기다림은

강江 언덕 코스모스의 키만 키우고
강물 따라 커져 가는
그리움을 따라가면
나의 유년이 첨벙대는
꿈같은 강江도 만나
긴 여정의
닻을 내릴 수 있을 것인가.

방천둑길 너머

푸른 하늘
여우비에 잠깐 내걸렸다

빈집 마당이
발자국 소리 그리워질 때
능소화는 돌담 위로 기어올랐지
내가 고향만 믿고
도회지를 베돌았던 것처럼
이제
산하는 다시 짙은 그리움이다

강물은
산맥을 굽이돌다
저 홀로 깊어지고
갈대숲 흔드는 바람 소리에
산그림자
물결나비 따라 번져 가는 물무늬가 된다

고향 들녘엔

짱아 떼 여전하고
강아지풀 망초꽃 피어나는 풍경 속으로
방천둑길 왕버들 추억마저 사라질까 봐
성황당 돌탑에
그리움 하나 얹어 둔다.

고향은 강물로 흐르고

변치 않을 나의 쉼표, 진주晋州
햇살에 여물어 가는 가을이
먼저 마중을 나옵니다

초혼 점등으로 시작되는
남강유등축제
사연 가득한 소망등 터널이 이어지고
수상 불꽃놀이에
세계 풍물 유등은 강을 밝힙니다

한국의 풍습등燈이 전시된
진주성과 촉석루를 돌아 나와
그 옛날의 다리가에 서 봅니다
배건네* 대숲이며 백사장이며 남강이며
앞마당 가득 들여놓고 살았던 날들
불시착 되어 버린 나의 유년이
밤하늘의 트럼펫 소리에 다문다문 풀려 나옵니다

나룻배의 자유가 그리워질 때쯤

은밀한 남강의 고백을 듣습니다
실개천으로 낮게 흐르다
폭포수로 산골짝을 헤매다가
고향 들녘 지나
마침내 바다로 흐르고 있습니다

※배건네: 진주시 망경동 이름, 지명.

남강의 봄

짧은 해에 산그늘은 깊어만 갔었지요
바닥을 알 수 없는 강江은
뿌리를 잠재우는 겨울나무처럼
가장자리부터 살얼음이 시작되었지요
심장을 얼리던 달빛
그 손길 마다하고
글썽이던 강江은
한 겹 두 겹 물비늘을 접고 있었지요

세월을 견뎌낸 바람과
차오르는 햇살에
얼음장 밑으로 봄이 풀려 나옵니다
열린 물길 따라
짝 지어 노니는 송사리 떼 물오리 떼처럼
봄의 왈츠라도 추고 싶다면
누구든 홀로여서는 안됩니다, 지금은.

아버지, 사방을 적십니다

꽃샘잎샘 추위에 새벽 길은
단잠에서 깨어나지 않아도
눈 덮인 골목 모롱이 돌아
총총 '다윗의 별'※로 떠났습니다
다급한 부름이라도 받으셨나요 아버지

사방을 적시는 빙하의 눈물은
둥글어진 시간의 나이테에 흘러듭니다
그리도 무겁던 생애는
글썽이는 가슴마다
다시 서리꽃 눈꽃으로
만년설산 풍경이 됩니다

수런거리던 아픔을
그 독기 품은 세월을
자식 사랑으로 대신하셨지요
온전히 비어 있는
아버지의 두 손에서
주먹을 펴야만 쥘 수 있다는 것을 배웁니다

숨결 밴 추억들은
끊어진 필름으로 남아 돌아갑니다
불 꺼진 향로에서도
그윽한 향을 지피시는 아버지
차마 재가 되지 못하는 그리움이 됩니다.

※다윗의 별: 눈의 결정체에서 나타나는 별 모양.

그 빛나는 눈물 위에

어머니, 장독대에 함박눈 내리고
잠든 오라비 머리맡
한 올 한 올 방패연 얼레에서
사금파리 추억이 풀려나고 있네요

섣달 그믐 무렵이면
옛집 마당 감나무 가지에
아침 까치 찾아올 때까지
다섯 남매 꽃때옷 바느질
명절 차례 음식
고단한 어머니의 일상이
격자무늬 창틀을 가득 메웁니다

제대로 풍화되지 않고서, 오동나무
깊은 거문고 소리 낼 수 있었을까요
문드러진 지문 없이 어찌 우리
행복의 뜰을 품을 수 있었을까요

기도로 열려 있는 하늘 길 따라

무릎걸음으로 걸어가며
불러보는 그리운 어머니
그 빛나는 눈물 위에
사모곡 한 소절 올려봅니다.

그녀의 별은 지고

달맞이꽃 수런대며
길섶 저녁별 기다리고 있을 때

그 어깨에 기대어
울먹여도 좋을 사랑
반딧불이 되어 허공을 맴돌면
질긴 인연 매듭지어
앞가슴 풀어놓고 울어야 하리
앞.가.슴.풀.어.놓.고.울.어.야.하.리

지난 세월 글썽이게 하는
빛바랜 추억들

눈물과 탄식은
남은 자에게 주어진 서글픈 선물
심장 멎는 이별도
또 다른 만남의 시작이려니

은하수는 강이 되어

거문고 슬픈 가락으로 흐르다
별자리 신화로 이어진다
견우와 직녀처럼
푸른 별자리로 싱싱하게
다시 돋아나리
다.시.돋.아.나.리.

각시붓꽃의 이름으로

초승달 여린 살갗으로 뜨는 저녁
그대와 인연 다하여
시간 여행 떠나는 날

끈을 놓아 버린 일상은
곡절 많던 사연들을 부려 놓는다

사랑과 평화
화해와 용서
회개와 감사
무거웠던 삶은 기도로 내려놓고

모두를 비워낸 한 생애라지만
솔베이지의 세월처럼
조각난 기다림들은
보라 핏빛 상처로 남아 있다가

새록새록 정情드는
오월이 다시 오면

사랑스런 각시의 미소로 피어나리
각시붓꽃*의 이름으로.

※각시붓꽃: 붓꽃과에 속하는 다년생의 풀, 산과 들에 저절로
  나는 산 난초.

순례자

기약 없는 사랑에 신열을 앓고
'갈매못 성지'* 찾아 떠납니다
시간의 숲들이 비켜 가는 곳으로
산구름꽃 피어납니다

주님 수난 금요일
믿음 하나로 버틴 바람굽이 세월 속
고마수영 모래사장에서
이방인 순교자들
동백 꽃송이로 흩어지던 날
천국의 월계관 머리에 얹히고
하늘에서는 총총
은빛 무지개 걸렸다지요

순례자들의 기도 속으로
영혼의 푸른 울림
나직이 울립니다
다독여 온 미움의 불씨
아직껏 살아 있거든

용서하라
그리고 또 용서하라.

※갈매못 성지(일명 고마수영): 병인박해 때 형장으로 택한 곳 바닷가 모래사장. 충남 보령시 오천면 영보리에 있다.

길 위의 기도

'서로에게 빚이 있다면 월부금 갚듯 정情 주며 사는 것'
 어떤 시詩는 말했다

 갖다 쓴 사랑 너무 무거워
 한 옥타브 낮은 소리로 그대에게 다가서면
 음정 박자 모두 틀린 노래 되어 목이 잠기곤 했다

 깊은 나무 그늘인 그대
 손잡고 길 위에 서면
 어느 세월 끝, 나는
 다음 생生을 준비하는 순례자가 된다.

| 해설 |

상큼하고 섬세한 감성 구현의 파노라마
―성덕희 시인의 시 세계

박덕은 | 문학박사, 문학평론가, 시인

아름다운 산천으로 둘러싸인 경남 진주에서 태어난 성덕희 시인은 동아대학교 국문과를 졸업했고, 2007년 부산 가톨릭 문예공모전 우수상, 2010년 월간 《문학공간》 신인문학상 수상으로 문단에 데뷔했다.
현재 울산시인협회 부회장, 부산가톨릭문인협회 회원으로 활동하면서 좋은 작품들을 수시로 발표하고 있다.
성덕희 시인의 시들과 마주한 이번 가을은 유난히 상큼했다.
도대체 왜 시는 우리 가슴에 와서 이토록 은은

하고 저릿한 감동의 느낌을 새기고 가는 걸까. 시 속에 무엇이 담겨 있기에 수많은 세월 동안 인류는 시를 버리지 않고 곁에 두고 이렇게 아끼는 걸까. 사람의 감성은 왜 시로 인해 순화되고 정화되어 가는 걸까. 이기적으로 흐르기 쉬운 인간이 어째서 시 앞에서만은 숙연해지는 걸까.

  이에 대한 길잡이 노릇을 성덕희 시인의 시들은 아주 조용히 아주 은은히 수행하고 있었다.

  자, 지금부터 그 멋스런 시 세계로 들어가 한 잎 한 잎 감상해 보기로 하자.

  비 오는 이유 하나로 만나기로 했었지, 그날 // 함께 있으면 그저 좋은/ 박쥐우산 속 사랑을 그리며/ 거리로 나선다 // 도시의 등불은/ 자욱한 밤안개를 따라/ 지난날을 밝혀 놓는다 // 화려하게 피어나던 행복이 봄날이었다면/ 소나기는 그 여름날의 열정이었다/ 억새와 진홍 단풍을 겪노라니/ 겨울 눈보라쯤은 시련도 아니었다 // 가로수마다 고인 빗물에/ 전염이라도 되었던 걸까/ 울 일도 아닌 일에/ 서러운 눈물 뿌리고/ 돌아서던 그 거리에/ 동그라미로 떨어지던 빗방울 타고/ 그리움 한없이 흘렀다 // 두근대는 가슴/ 그대와의 거리를 부엉이셈으로/ 가늠하고 있을 즈음/ 발자국 소리/ 저만치서 다가온다.
　　　　―〈그 거리, 다시 선명하다〉 전문

　시적 화자는 거리로 나선다. 비 오는 이유 하나로 만나기로 한 바로 그날, 함께 있으면 그저 좋은 박쥐우산 속 사랑을 그리며 걸어간다. 이미지 속으로 끌려 들어간 감성은 도시의 등불 아래 놓인다. 등불은 자욱한 밤안개를 따라가며 지난날을 하나하나 밝혀 놓고 있다. 그 속으로 추억의 파노라마가 펼쳐진다. 봄, 여름, 가을, 겨울, 그 속에 새겨진 추억이 물결처럼 스쳐 간다.
　봄날은 사랑의 꽃이 화려하게 피어났고 그래서 행복했다. 여름날은 그 열정의 꽃이 절정에 이르렀다. 사랑은 뜨거운 열정 속에서 무르익었다. 가을날은 억새와 진홍 단풍을 겪으면서 아름다움과 단아함과 숙연함을 동시에 껴안게 되었다. 여전히 깊어 가는 사랑 앞에 겨울날의 눈보라쯤은 시련도 아니었다. 그 어느 것도 단단히 쌓아 가는 사랑 앞에 걸림돌이 될 수 없었다. 그만큼 사랑의 열정과 믿음은 튼실했다. 하지만, 그 사랑도 그리 오래 가지는 못했다. 시적 화자의 이별은 이렇게 다가왔다. "가로수마다 고인 빗물에 전염이라도 되었던 걸까." 아주 멋스런 이 시적 표현

속에 잠긴 이별은 오히려 아름다워 보일 정도다. 울 일도 아닌 하찮은 일에 서러운 눈물 뿌리고 돌아설 수밖에 없었던 시적 화자가 안쓰럽다. 그날 동그라미를 그리며 떨어지던 빗방울, 그 빗방울을 타고 흘러내리던 그리움마저도 안쓰럽다.

독자의 가슴에 안쓰러움을 심는 그 솜씨가 놀랍기만 하다. 시의 맛이 살아 있다.

이제는 한낱 꿈이 되어 버린 것인가. 낙심하고 있을 때, 사랑의 거리를 가슴으로 느끼고 있을 때, 그 거리를 부엉이셈으로 느릿느릿 가늠하고 있을 때, 이게 웬일인가. 두근대는 가슴 안으로 발자국 소리가 다가온다. 저만치서. 희미해져 가는 추억의 오솔길에 불이 켜지고 기대감이 켜지고 기쁨이 켜지고 희망이 켜진다. 제발 그 기대감이 행복으로 귀결되기를 독자들은 긴장감 속에서 기원한다. 시상의 흐름이 아름답게 흘러가 아름답게 채색하며 아름답게 문을 닫는다. 사랑스런 시 앞에 독자들은 흐뭇한 미소를 짓지 않을 수 없다.

성덕희 시인의 시들은 이처럼 무리하지 않고, 시상의 흐름을 은은히 펼쳐 나가며 독자들의 감성을 시 속으로 빨려들도록 시어들을 배치하는 데 성공하고 있다. 이 노련한 솜씨가 독자들의 가슴을 끝까지 사로잡는다.

    찻잔엔 철 이른 청매화가 피었습니다/ 오래전 두루마리 사연도 따라 핍니다/ 먼 전생의 길 돌아 나와/ 마음속 점으로 찍힌 사람/ 붓끝으로 사랑의 촉 아른아른 틔웠지요// 실타래 같은 인연/ 다향茶香으로 무르익히면/ 거울 반쪽으로 맺은 언약도/ 심지 깊은 사랑으로 타오를까요// 영화 '달팽이의 별'을 더듬습니다/ 손가락 끝으로만 별을 꿈꾸는/ 외로운 그에게/ 그녀는 눈과 귀가 되어/ 서로의 빛과 그림자로 살아갑니다// 그 귀한 인연 깨달아 갈 즈음/ 아직도 식지 않은 찻잔에선/ 애틋한 매화 향기만 떠돌고 있습니다.

    —〈인연, 다향茶香으로 무르익다〉 전문

이 시에서 시적 화자는 차향에 젖어 있다. 찻잔에는 철 이른 청매화가 곱게 피어났다. 거기에 구구절절 추억을 휘감고 있던 옛 사연도 피어났다. 먼 전생의 길을 돌아 나와 마음속 점으로 찍혀 결코 잊혀지지 않는 사람, 붓끝으로 사랑의 촉 아른아른 틔웠던 사람, 어찌 그 사람을 잊을 수 있으리요.

여기서 독자는 감성의 옷고름을 풀 수밖에 없

다. 붓끝으로 사랑의 촉 아른아른 틔웠다는데 어찌 굳은 감성으로 앉아 있을 수 있겠는가. 이 보드라운 이미지의 그릇 속으로 빠져든 독자들은 더 이상 시적 화자를 경계하지 않는다. 이후 함께 차를 마시며 함께 차향에 무르익는다. 실타래 같은 인연이 차향에 무르익듯이. 그러니, 거울 반쪽으로 맺은 언약도 심지 깊은 사랑으로 타오를까요라고 묻는 순간, 아무 저항 없이 그럴 거라고 고개를 끄덕이고 만다. 시청각 장애자 남자와 척추 장애자 여자의 결혼 이야기를 다룬 '달팽이의 별'이라는 영화 속으로 함께 감상의 여행을 떠난다. 이 상징 속에서 독자들은 시적 화자의 사랑, 그 깊이와 의미를 만나 숙연한 시간을 갖는다. 손가락 끝으로만 별을 꿈꾸는 외로움에게 눈과 귀가 되어 주는 사랑 앞에 눈시울을 적신다. 서로 빛과 그림자로 살아가는 사랑 앞에 두 손을 곱게 모으며. 그 귀한 인연, 그 귀한 사랑, 그 귀한 향기가 아직도 찻잔 속에 살아남아 있다. 애틋한 매화 향기가 되어 떠돌고 있다.

독자의 시선과 가슴을 사로잡는 시상의 흐름이 아주 자연스럽고 매력적이다. 칼럼의 서술과는 달리, 귀찮게 강요하지 않으면서, 이미지 위에 감성의 터치를 물방울 튀기듯 물 흐르듯 처리해 나가는 솜씨가 시적 특질을 한층 강화시켜 놓고 있어서 눈길을 끈다.

  밤이슬에 흠씬 젖어, 새벽은/ 달빛에 물들었을까/ 죽로차 밭에선/ 잠이 덜 깬 새벽내가 난다// 푸른 아침을 몰아오는 참새 소리/ 장마가 오기 전에 대숲은/ 서둘러 잠든 죽순을 깨워 놓는다// 댓잎을 스치는 젓대 소리에/ 대마디의 나날이 굵어진다/ 속을 비워야만/ 울림통이 커진다는 것을// 산다는 것은/ 실實한 욕심을 비워 내는 일// 차茶란 것이/ 마음을 나누는 일이라면/ 지금 이 순간/ 그리움 한잔으로/ 달려가고 싶다.

                        -〈그리움 한잔으로〉전문

이 시에서 새벽은 밤이슬에 흠씬 젖어 있다. 죽로차 밭에선 잠이 덜 깬 새벽내가 난다. 신선함이 물씬 묻어나는 이 시적 표현은 시의 존재 이유를 일깨워 주고 있다.

  시란 무엇인가. 시는 인간의 감성을 깨우는 존재다. 그것도 가장 순수하고 맑은 감성, 가장 아름답고 보드라운 감성, 미적 가치의 그릇 속에 용해된 가장 순화된 감성을 깨워서 독자들의 가슴에 고이 안겨 주는 존재, 이게 바로 시다.

성덕회 시인의 시는 이 역할을 늘 충실히 감당해 내고 있다. 참새 소리가 푸른 아침을 몰아오듯이, 장마가 오기 전에 대숲이 서둘러 잠든 죽순을 깨워 놓듯이. 이런 시적 표현을 만나면 독자들은 거친 감성을 풀어놓고 그만 주저앉게 된다. 그리고 배운다. 댓잎 스치는 젓대(대금) 소리에 대마디의 나날이 굵어진다는 것을, 속을 비워야만 울림통이 커진다는 것을, 산다는 것은 실한 욕심을 비워 내는 일이라는 것을. 이 위에 깨달음 하나를 더 얹게 된다. 차가 마음을 나누는 축복이라는 것을. 그래서 지금 이 순간, 그리움 한잔으로 달려가고 싶은 것이다.

마지막 연의 시적 표현이 싱그럽다. 그리움 한잔으로 달려가고 싶다. 얼마나 멋진 표현인가. 이런 표현 때문에, 이런 맛 때문에 독자들은 시를 찾게 되고, 시를 사랑하게 되는 것이리라.

눈매가 서늘한 낮달/ 소매 끝동 적시며 흐득이고 있을 때// 먹장구름이 갈앉힌 세월/ 옹이 진 자리에선/ 헝클어진 일상도 순순히 풀려나온다// 푸른 오월 햇살 밝히며/ 등꽃은/ 어깨 걸고 살아가라고/ 살아가라고// 어제와 오늘이 얽힌 가지마다/ 순간순간 꺼져 가던/ 사랑의 숨결 살아나/ 송이송이/ 보랏빛 꽃등불을 켠다.

　　　　　　　―〈꽃등을 켜다〉 전문

　이 시에서는 눈매가 서늘한 낮달이 등장한다. 그 낮달이 소매 끝동 적시며 서럽게 흐느껴 울고 있을 때, 먹장구름이 갈앉힌 세월 옹이진 자리에서 헝클어진 일상이 순순히 풀려나온다. 산문에서의 서술과 시에서의 묘사가 얼마나 큰 차이를 보여 주는가를 여기서 만날 수 있다. 시는 산문과는 다르다. 서로 전혀 다른 장르다. 이 시는 그걸 입증해 주고 있다. 시적 표현의 매력은 단순 서술이 아니라 묘사를 통한 이미지 구현이다. 역경과 시련이 아니라, 먹장구름이 갈앉힌 세월 옹이진 자리로 표현되는 묘미가 시의 특질 중 하나가 된다. 독자는 등꽃을 통해 어깨 겯고 살아가라는 메시지를 전달받는다. 그 메시지를 전달받는 순간, 어제와 오늘이 얽힌 가지마다 변화가 일어난다. 순간순간 꺼져 가던 사랑의 숨결이 살아나 송이송이 보랏빛 꽃등불을 켜는 모습이 참으로 사랑스럽다.

　독자가 시를 사랑할 수밖에 없도록 만드는 이 시적 표현들은 대할수록 감칠맛이 솔솔 돋는다.

설레는 그/ 이름 하나로/ 멀리서도 눈에 띄게/ 발돋움을 했지/ 요.// 하루에도 여러/ 번 얼굴 들어/ 그대 향한 속내/ 들키고 싶었지마/ 는// 종소리 여운을 모아/ 초롱 안에 간절한 등불 켜 놓고/ 보랏빛 그/ 짙은 그리움에/ 그만 고개를 떨구었지/ 요.

— 〈꽃, 금강초롱〉 전문

이 시에서는 금강초롱이 의인화되어 예쁘게 다가오고 있다. 설레는 그 이름 하나로 멀리서도 눈에 띄게 발돋움하고 서 있는 꽃, 참으로 어여쁘기 그지없다. 하루에도 몇 번씩 얼굴 들어 그대를 향한 속내, 그대를 향한 사랑, 그대를 향한 마음 다 들키고 싶었지만, 부끄러워서, 수줍어서, 아니 자신이 없어서, 그것도 아니면 너무 떨려서, 용기를 낼 수 없었다. 꽃이 할 수 있었던 건 다만 종소리 여운 모아 초롱 안에 간절한 등불 켜 놓고 보랏빛 그 짙은 그리움을 가슴에 안고 고개 떨구는 것뿐. 이 얼마나 기막힌 시적 표현인가. 이 얼마나 섬세한 시적 형상화인가. 이 얼마나 상큼하고 싱그러운 이미지인가. 이 맛을 느끼기 위해 독자는 시를 찾게 되는 것은 아닐까.

시가 나아가야 할 이미지의 구현이 참으로 아름답고 고귀하다. 오랜 세월 기다려 온 시향의 맛과 멋이 이 시에 단아하게 자리하고 있어 행복감을 듬뿍 안겨 주고 있다.

　등불을 달고 나서는 그대가/ 거리에 서서/ 어둠을 빛으로 쓸고 있는 동안 // 별빛 몰려오는 '구름정원'에서/ 그대가 잠시 비운 밤하늘은/ 내 에두름길만 재촉합니다 // 때로는 밀쳐내고도 싶어/ 애꽂은 기억 헤집어 반란을 꿈꾸면서도/ 이별이 두려워진 나는/ 종내 그 빛이 그리워 // 새벽의 가로등 더듬어 서면/ 밤을 새워/ 길어진 그림자로/ 그대/ 내 어깨에 달무리로 어립니다.

―〈외출〉 전문

이 시에서도 이미지는 반짝반짝 빛을 발하고 있다. 시적 화자에게 지극히 소중한 존재인 그대가 등불을 달고 거리에 서 있다. 그대는 어둠을 빛으로 쓸고 있다.

이 시적 표현 앞에 독자는 잠시 숨을 멈추게 된다. 그러다 별빛 몰려오는 구름정원을 만나게 된다. 하지만 거긴 그대가 잠시 자리를 비운 밤하늘 뿐이다. 시적 화자는 이별이 두렵다. 그대와 함께 하는 그 빛이 그립다. 애꽂은 기억 헤집어 반란을 꿈꾸지만 그게 쉽지 않다. 그대 없는 세상은

늘 두렵기만 하다. 시적 화자는 방황하다 새벽의 가로등 더듬어 선다. 밤을 새워 길어진 그림자처럼 그리움과 안타까움과 애틋함은 커져만 간다. 그 내면의 아픔을 알아서일까. 그대가 시적 화자의 어깨에 달무리로 어린다.

  추상과 구상의 절묘한 조화, 시각 이미지 위에 덧칠하는 촉각 이미지의 어울림, 미묘한 감성까지 포착해내는 솜씨 등이 이 시를 더욱 빛나게 해주고 있다. 마치 시는 이런 것이다, 이래야 한다고 외치고 있는 듯하다.

    들끓는 그리움만으로는/ 뭍에 닿을 수 없었다/ 이스터섬 불가사의한 석상처럼/ 그대로 주저앉아 뿌리내린 섬 // 피붙이들 철새 되어 아라사로 떠난 후/ 무인도에 닻을 내린 나는/ 갑자기 길어진 하루를 견뎌야 한다 // 물새알 품어내는 갈매기 소리로/ 곰솔숲 무성하게 키워내고/ 조가비 노래는 물결무늬로 씻어내었다 // 피고 지는 꽃들의 안부와/ 여러 사연들을 묶어/ 머언 바람길에 실어 보내고 // 날개옷 잃어버린 직녀별처럼/ 아직도 혈육을 못 떨치는 바다는/ 오늘도 잠들지 못한다/ 홀로 출렁이는 섬이여
          ―〈무인도가 되다〉 전문

이 시에서 시적 화자는 그리움에 휩싸여 있다. 그것도 들끓는 그리움을 안고 있다. 하지만, 그 그리움만으로는 뭍에 닿을 수 없었다고 고백한다. 이제 시적 화자는 이스터섬의 불가사의한 석상처럼 그대로 주저앉아 뿌리내린 섬이 된다. 피붙이들마저 철새 되어 멀리 떠나 버렸다. 무인도에 닻을 내린 시적 화자의 하루는 길 수밖에 없다. 지루하고 답답하고 막막하다. 하지만 그 속에서 하루하루 견뎌야 한다. 갈매기 소리로 숲을 키우고 물결무늬로 조가비 노래를 씻어내며 견뎌야 한다. 피고 지는 꽃들의 안부와 사연을 묶어 먼 바람결에 실어 보내는 것으로 위로를 삼는다. 날개옷 잃은 직녀별처럼, 아직도 혈육을 못 떨치고 살아가는 바다처럼 오늘도 잠들지 못하고 홀로 출렁이는 무인도, 그게 바로 시적 화자의 현실이요 아픔이다. 이게 서술이 아니라 묘사로, 설명이 아니라 이미지로 그려져 있다. 이게 바로 시가 나아가야 할 방향이요 시의 존재 이유가 되고 있다.

 시는 설명이 아니다. 시는 서술이 아니다. 시는 묘사로 이뤄진 이미지 숲이다. 그 이미지 숲에 담긴 감성의 예술이다. 왜 신비평에서 "시는 곧 이미지다"라고 강조하고 있는지 알 것 같다.

 이 땅에 시가 존재하는 이유 중 하나가 바로 추

상의 구체화이다. 추상의 세계를 그대로 놔두지 않고 감각적 이미지로 바꿔 구현해 놓으면, 독자는 그 세계로 빨려 들어가 감각적 감상을 통해 가슴을 열고 마음을 열어 시상의 바다에 흠뻑 젖어 들게 된다. 성덕희 시인의 시적 형상화가 바로 시의 정수로 가는 길에 안내판 역할을 톡톡히 해주고 있다.

> 저문 가을 산에서 내려오면 // 저녁 어스름 강어귀에 닿는다 // 철새들의 자유로운 날갯짓 따라 // 나는 여린 물살로 번져 간다 // 물풀들의 노래 낮아서 아늑하다.
> —〈예순 무렵〉 전문

이 시에서도 시의 특질이 뭔지를 잘 보여 주고 있다. 나이가 지긋이 든 시적 화자는 자신과 자신의 삶을 관조적 시야로 내려다보고 있다. 저문 가을 산에서 내려온 그는 저녁 어스름 강어귀에 다다라 물살이 된다. 철새들의 자유로운 날갯짓 따라 번져 가는 여린 물살! 그 물살은 물풀들의 노래가 낮아서 아늑한 공간에 합류한다. 시적 화자의 내면 공간과 어스름에 잠긴 아늑한 강가의 정경이 하나가 되어, 미묘한 감성의 물결을 일으킨다. 울컥 치미는 삶의 여운이 잔잔한 물결 따라 저 멀리 번져 가는 듯하다. 강요하지 않아도 자연스레 열리는 감성의 문, 그 문 안으로 소르르 들어와 가득 차 버리는 감성의 향기, 자신도 모르게 인생을 되돌아보며 반성하게 하고 눈물짓게 만들어 버리는 마법 같은 매력, 이게 바로 이 시 속에 담겨 있으니, 놀랍지 아니한가.

 수수밭 지나는 바람으로 새벽을 깨운다/ 찬 서리 내린 은행나무 숲길 접어들면/ 늦가을 아침은 풍성한 감탄사로 온다∥ 햇살에 붉어진 계곡, 깊어 가는 산은/ 아찔하게 내리꽂힌 폭포수로 울다가/ 너럭바위 휘돌아 물계단으로 넘쳐흐른다∥ 저 물소리는/ 커졌다… 작아졌다…/ 가쁜 숨 다듬고 앉아 법음法音이라도 전하는가/ 푸른 물을 흔드는 그림자/ 그 누구의 간절함으로 석탑을 올렸는가.

-〈다시, 가을〉 전문

이 시에서 시적 화자는 찬 서리 내린 늦가을에 은행나무 숲길을 걸어가고 있다. 수수밭 지나는 바람이 새벽을 깨우는 것도 보고, 풍성한 감탄사로 걸어오는 아침도 만난다. 이미지로 그려지는 시적 형상화가 참 멋스럽다.

시적 화자가 햇살에 붉어진 계곡으로 접어들자 폭포와 너럭바위가 반긴다. 그때서야 깨닫는다. 깊어 가는 산이 아찔하게 내리꽂힌 폭포수로 운다는 사실을, 그리고 울다 지쳐 너럭바위를 휘돌아 물계단으로 넘쳐흐른다는 사실을. 가만히 귀 기울여 보니, 물소리가 커졌다 작아졌다 한다. 아마도 가쁜 숨 가다듬고 앉아 법음을 전하는 듯하다. 더 자세히 보니, 푸른 물을 흔드는 그림자도 보인다. 석탑도 보인다. 이때 시적 화자가 신음하듯 말한다. 그 누구의 간절함으로 석탑을 올렸는가. 이 대목에서 독자는 잠시 숨을 멈추고 시상의 흐름 속에 몸과 맘을 맡긴 채 사색의 시간을 갖지 않을 수 없게 된다.

  이렇게 하도록 이끄는 이 자연스러운 시상의 흐름, 그리고 빨강(햇살에 붉어진 계곡), 파랑(푸른 물 흔드는), 노랑(찬 서리 내린 은행나무 숲길) 등의 색감의 조화를 바탕에 둔 시각 이미지(너럭바위, 그림자, 석탑), 청각 이미지(수수밭 지나는 바람, 폭포수로 울다가, 물계단으로 넘쳐흐른다, 물소리, 커졌다 작아졌다, 법음), 촉각 이미지(찬 서리 내린, 아찔하게 내리꽂힌), 기관감각 이미지(가쁜 숨 다듬고 앉아) 등의 적절한 배치가 이 시의 격조를 한층 더 높여 주고 있다.

지금까지 살펴본 것처럼, 성덕희 시인의 시 세계는 보다 시의 특질에 가까이 다가가 이미지의 구현에 최선을 다하고 있다. 무엇보다도 감성의 순화에 기여하고자 하는 시와 손잡고 시심의 오솔길을 걷고 있어서 좋다.

　시의 존재 이유는 뭐니 뭐니 해도 마음을 정화하는 것이리라. 그래서 미적 가치의 그릇에 시 소재를 담아, 그것을 관조의 시선으로 새롭게 해석해 내고자 한다. 그러기 위해서는 낯설게 하기에 도전해야 하고, 보다 너른 비전의 확대도 이뤄져야 한다. 시 한 행 한 행 이미지로 빚어낸 시적 형상화가 시의 대부분을 차지해야 한다. 시는 단순한 서술이 아니다. 단순한 묘사도 아니다. 시는 이미지의 그릇 위에 담겨진 감성의 예술이다. 그러면서도 인위적이지 않게 아주 자연스런 시상의 흐름 위에 시가 새겨져야 한다. 이왕이면 시의 표현 기법도 다채롭게 펼쳐 보인다면, 더할 나위 없이 좋은 시가 될 것이다.
　이러한 시의 특질을 고루 갖춰 가면서 시를 쓰는 성덕희 시인은 독자들의 지속적인 사랑을 받을 만하다. 앞으로도 지치지 않은 열정으로 시심을 일구고 그 위에 아름다운 시 세계를 구현하며 펼쳐 나가리라 믿는다.

  다시 한 번 성덕희 시인의 시집 출간을 가을바람의 싱그러움으로 축하한다. 우리 서로 오래도록 시인의 길을 가며, 시인의 행복을 누리며, 나아가 이웃의 아픔을 공감하는 상상력을 시 속에 새기듯 펼쳐나가며 살아가기를 소망해 본다. 그리하여 시대의 아픔을 먼저 위로하고, 먼 후일 우리가 나아가야 할 방향에 끊임없이 앞장서 깃발을 꽂으며 선선히 걸어가는 멋스런 시인의 삶을 꾸려 가기를 또한 바란다.

    ―풋풋한 시심이 너울대는 가을 들녘에

그 푸른 기별로

발행 I 2013년 11월 9일
지은이 I 성덕희
펴낸이 I 김명덕
펴낸곳 I 한강출판사
홈페이지 I www.mhspace.co.kr
등록 I 1988년 1월 15일(제8-39호)
주소 I 서울시 종로구 인사동 131번지 파고다빌딩 408호
전화 735-4257, 734-4283 팩스 739-4285

값 10,000원

ISBN 978-89-5794-264-2 04810
ISBN 978-89-88440-00-1 (세트)

※저자와의 협약에 의해 인지는 생략합니다.
※잘못된 책은 바꾸어 드립니다.